IMÁGENES

Amarillo

Karen Bryant-Mole

Silver Press
Parsippany, New Jersey

First published in Great Britain by Heinemann Library, an imprint of
Heinemann Publishers (Oxford) Ltd., Halley Court, Jordan Hill, Oxford OX2 8EJ, U.K.

© BryantMole Books 1996
Designed by Jean Wheeler
Commissioned photography by Zul Mukhida
Printed in Hong Kong
00 99 98 97 96
10 9 8 7 6 5 4 3 2 1

Published in the United States in 1997 by Silver Press
A Division of Simon & Schuster
299 Jefferson Road
Parsippany, NJ 07054

Library of Congress Cataloging-in-Publication Data

Bryant-Mole, Karen.
   [Yellow. Spanish]
   Amarillo/by Karen Bryant-Mole.
     p.   cm. — (Imágenes)
   Includes index.
   Summary: Photographs of such things as fish, dishes, fruits, and vehicles introduce the
color yellow
   ISBN 0-382-39581-6 (PBK)
    1. Color—Juvenile literature. 2. Yellow—Juvenile literature. 3. Colors—Juvenile literature.
[1. Yellow. 2. Color. 3. Spanish language materials.] I. Title. II. Series: Bryant-Mole, Karen.
Images. Spanish.
QC495.5.B7918   1996   95-47206
535.6—dc20   CIP
                                                                AC

Some of the more difficult words in this book are explained in the glossary.

Acknowledgments

The Publishers would like to thank the following for permission to reproduce photographs. Oxford Scientific Films, 8 (right),
9 (right); Max Gibbs, Positive Images, 23 (left); Tony Stone Images, 8 (left); David Higgs, 9 (left); Mike Severns, 15 (left);
David C Tomlinson, 15, (right); Tony Craddock, 22 (left); Chip Porter, 22 (right); Richard Brown, Zefa,14 (both), 23 (right).

Every effort had been made to contact copyright holders of any material reproduced in this book. Any omissions will be
rectified in subsequent printings if notice is given to the Publisher.

Contenido

Artes y oficios

Puedes divertirte mucho con estos objetos amarillos.

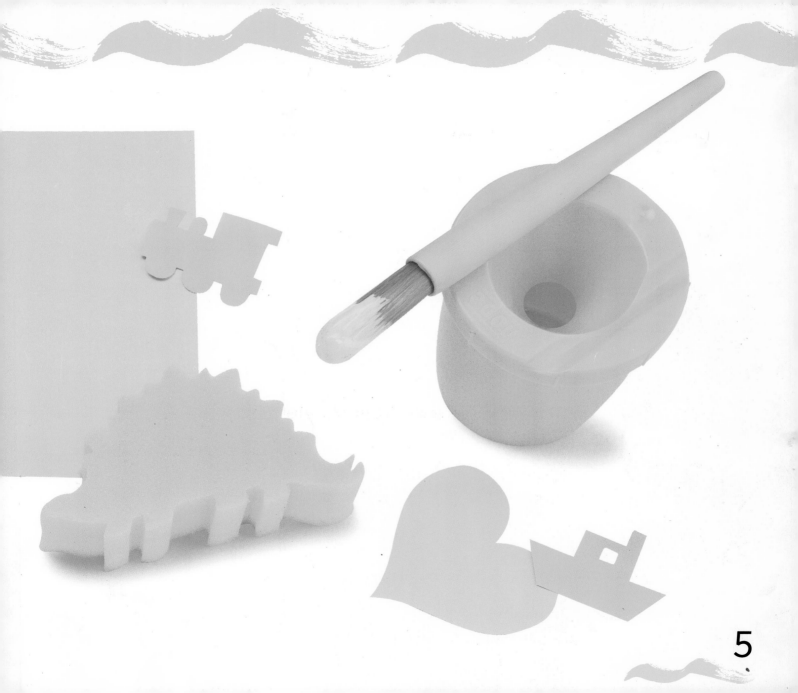

5.

La cena

un plato

un cuchillo

un tenedor

una servilleta

una taza

una cuchara

¡Lo único que falta es algo de comer!

7

Peces

¿Te gustan estos peces
de colores vivaces?

La limpieza

Estas cosas se pueden usar para limpiar nuestras casas.

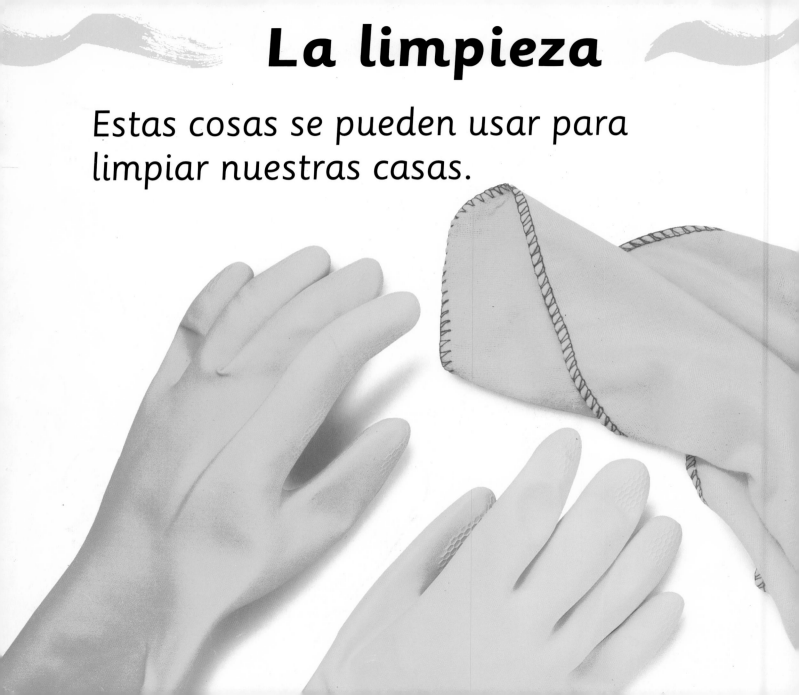

¿Las
puedes
nombrar
todas?

11

La música

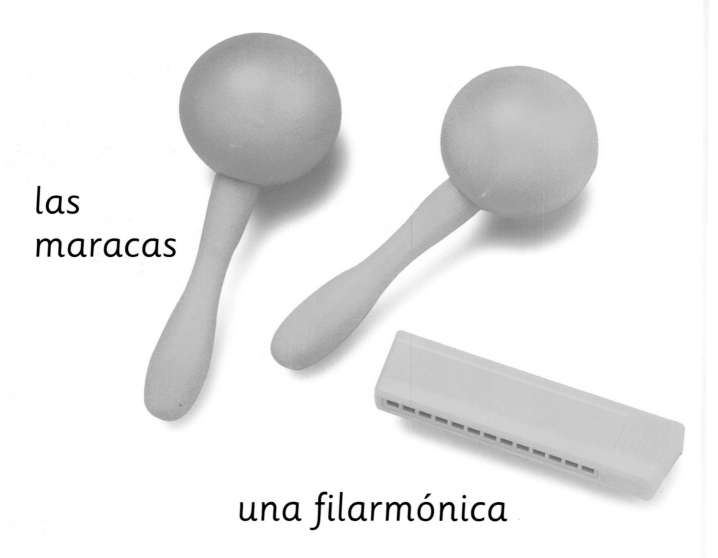

las maracas

una filarmónica

una flauta

los cascabeles

Tú puedes crear música con estos instrumentos.

Las flores

Muchas flores
son amarillas.

La hora del baño

¿Qué tienes
en tu baño?

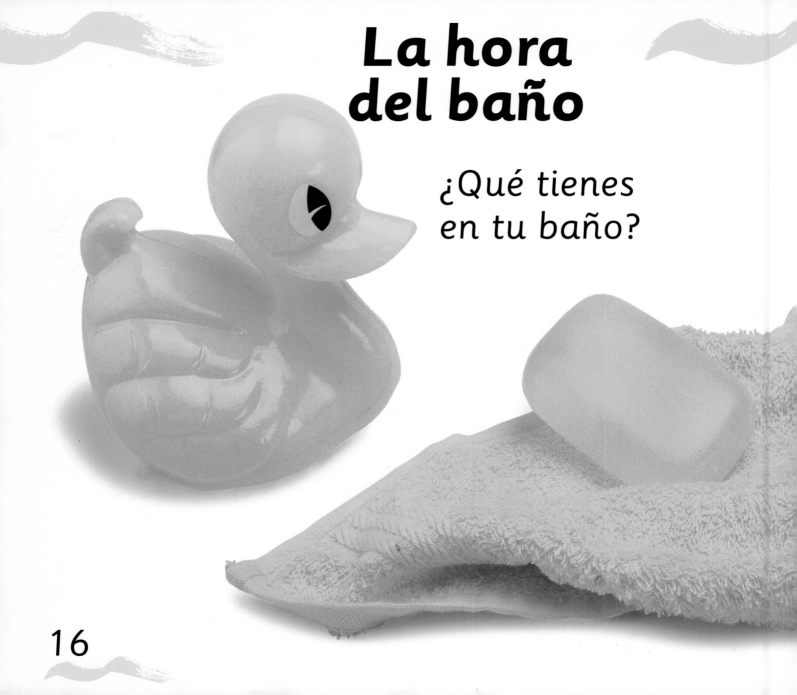

Las frutas

un melón

un limón

un racimo de plátanos

una toronja

¿Cuál fruta te gusta más?

19

En la playa

El amarillo es el color que tiene el sol y también la arena.

Los vehículos para trabajar

Tudos estos vehículos hacen un trabajo.

¿Que es lo
que hacen?

Glosario

instrumento un objeto que se usa para tocar música

maracas un instrumento musical que suena cuando lo sacuden

servilleta un pedazo de tela o de papel que se usa a la hora de comer

Índice